ख़िलाफ़ हवा से गुज़रते हुए

विनोद दास की कविताएँ

वाणी प्रकाशन ग्रुप
भारतीय ज्ञानपीठ
वाणी प्रकाशन : भारतीय ज्ञानपीठ की पुस्तकों के एकमात्र प्रकाशक एवं वितरक

हम अब नयी से नयी पीढ़ी के पास जाना चाहते हैं|अब हमें 'चिकने पातों' की तलाश है। हम जानते हैं कि होनहार बिरवानं के चीकने पातों को सामान्यत: ओस की बूँदें नहीं, लू के थपेड़े मिलते हैं। रचनाकार की पहली-पहली कृति को कोई बड़ा प्रकाशक हाथ लगाने में संकोच करता है। हमारा उद्देश्य विशुद्ध साहित्यिक है, अत: हमारे लिए प्रकाशक के व्यावसायिक आग्रह कोई अर्थ नहीं रखते।

नयी पीढ़ी को प्रोत्साहित करने की अपनी परम्परा को आगे बढ़ाते हुए भारतीय ज्ञानपीठ ने नयी पीढ़ी के लिए एक सर्वथा नये और अछूते आयोजन का सूत्रपात किया है। यह आयोजन है—प्रतियोगिता क्रम जिसके अन्तर्गत सर्वप्रथम कहानी की विधा को लिया गया।

एक आत्मीय सम्बन्ध की शुरुआत

कथा-प्रतियोगिता के निर्णायक मण्डल में थे—श्रीमती शिवानी, सर्वश्री कन्हैयालाल नन्दन, बिशन टंडन और बालस्वरूप राही। कथा-प्रतियोगिता के लिए प्राप्त 86 पाण्डुलिपियों में से डॉ. ऋृता शुक्ल के कहानी-संकलन की पाण्डुलिपि को सर्वसम्मति से बेहतरीन क़रार दिया गया। इस कथा प्रतियोगिता की सर्वप्रमुख विशेषता तो यही रही कि इसमें एक कहानी के स्थान पर सम्पूर्ण कहानी-संकलन की पाण्डुलिपि आमंत्रित की गयी। ऐसी प्रतियोगिताएँ तो आये-दिन होती रहती हैं जिनमें एक कहानी आमंत्रित कर विजयी कथाकारों को पुरस्कार की कोई पूर्व-निश्चित राशि भेंट की जाती है। एक दिन समाचार पत्रों और कुछ दिन पत्र-पत्रिकाओं में चर्चा होती है और फिर बात आयी-गयी हो जाती है। हम चाहते हैं कि भारतीय ज्ञानपीठ द्वारा आयोजित प्रतियोगिता के कुछ ठोस परिणाम सामने आयें और उसकी उपयोगिता दूरगामी हो। अत: प्रतियोगिता का स्वरूप स्थिर करते समय हमने यह निर्णय किया कि विजयी प्रतियोगी को कोई नक़द पुरस्कार न देकर उसकी पाण्डुलिपि भारतीय ज्ञानपीठ प्रकाशित करे। साथ ही यह भी कि बात केवल विजयी पाण्डुलिपि के प्रकाशन तक सीमित न रहे, बल्कि भारतीय ज्ञानपीठ उसे अपने लेखक-परिवार का एक अभिन्न अंग ही बना ले और उसकी भावी रचनाओं को भी समय-समय पर प्रकाशन के अवसर प्रदान करता रहे और इस प्रकार भारतीय ज्ञानपीठ और विजयी लेखक के बीच एक आत्मीय सम्बन्ध की शुरुआत हो।

इस परिकल्पना के तहत हमने कथा-प्रतियोगिता में विजयी डॉ. ऋृता शुक्ल के कथा-संकलन 'क्रौंचवध तथा अन्य कहानियाँ' का प्रकाशन किया। 12-13 अक्टूबर, 1985 को दिल्ली में ''कथा पर्व'' का आयोजन किया गया जिसमें 12 अक्तूबर को डॉ. ऋृता शुक्ल का सम्मान किया गया और उनके कथा-संकलन का विमोचन हुआ। इस अवसर पर प्रसंगवश उन्हें 'क्रौंचवध तथा अन्य कहानियाँ' के प्रथम संस्करण की अग्रिम रॉयल्टी के अंश रूप में 5100/- की राशि भी भेंट की गई।

'कथा पर्व' में ज्ञानपीठ के मैनेजिंग ट्रस्टी श्री अशोक कुमार जैन ने आगामी

प्रतियोगिता की घोषणा करते हुए कहा—'कविता में मानवीय सद्गुणों को उभारने की क्षमता है इसलिए अब नयी पीढ़ी के लिए प्रतियोगिता-क्रम में भारतीय ज्ञानपीठ द्वारा काव्य-प्रतियोगिता का आयोजन किया जाएगा। इस प्रतियोगिता की उपयोगिता इसलिए और भी अधिक होगी क्योंकि कविता-संग्रह आमतौर पर कम बिकते हैं और प्रकाशक उसमें रुचि नहीं ले पाते।'

प्रतियोगिता-क्रम की दूसरी कड़ी :
काव्य-प्रतियोगिता

कहानी-प्रतियोगिता में 86 पाण्डुलिपियाँ आयी थीं और काव्य-प्रतियोगिता में (काव्य-संकलन, काव्य-नाटक, खण्ड काव्य आदि) की 234 पाण्डुलिपियाँ प्राप्त हुईं। इससे प्रकट होता है कि ज्ञानपीठ द्वारा आयोजित प्रतियोगिताओं में लेखकों की रुचि बढ़ती जा रही है। काव्य-प्रतियोगिता के लिए प्रमुख शर्त यह रखी गयी थी कि प्रतियोगी की आयु 1 जनवरी, 1986 को 35 वर्ष से अधिक न हो और तब तक उसकी कोई काव्य-कृति प्रकाशित न हुई हो। 234 पाण्डुलिपियों में से सर्वश्रेष्ठ पाण्डुलिपि का चुनाव एक दुष्कर और चुनौती भरा कार्य प्रमाणित हुआ। कुछ पाण्डुलिपियाँ ऐसी थीं जिनमें भाषा, छन्द आदि की अशुद्धियाँ और अपरिपक्वता थी। तब भी अधिकांश प्रविष्टियों का स्तर संतोषजनक और आश्वासनकारी रहा। 30-35 पाण्डुलिपियाँ ऐसी थीं जिन पर गम्भीरतापूर्वक विचार करना अनिवार्य था। 8-10 पाण्डुलिपियाँ तो ऐसी थीं जिन्हें सहज ही अच्छी कविता के नमूने कहा जा सकता था। किन्तु चुनना तो बस एक को था। अत: लम्बे विचार-विनिमय और श्रेष्ठतर पाण्डुलिपियों के सभी पक्षों का विश्लेषण करने के उपरान्त श्री विनोद दास का काव्य-संकलन 'खिलाफ़ हवा से गुज़रते हुए' सर्वश्रेष्ठ करार दिया गया।

निर्णायक मण्डल (सर्वश्री गिरिजा कुमार माथुर, रमानाथ अवस्थी, बिशन टंडन और बालस्वरूप राही) ने अपने निर्णय का आधार स्पष्ट करते हुए श्री विनोद दास की कविताओं की कतिपय विशिष्टताओं को इन शब्दों में व्यक्त किया :

'खिलाफ़ हवा से गुज़रते हुए' संकलन की कविताएँ समकालीन सामाजिक यथार्थ से सीधी टकराहट की कविताएँ हैं। उनमें एक नयी अनुभव-भूमि उद्घाटित हुई है जिसके वृत्त में साधारण आदमी के संघर्ष, सुख-दुख, परिस्थितियों की बिडम्बनाएँ, विषम स्थितियों से जूझने की पीड़ायें बहुत मर्मशीलता के साथ अभिव्यक्त हुई हैं। जन-परम्पराओं को लेकर आदमी के निकटतम परिवेश के छोटे-छोटे उपकरण, वस्तुएँ, दैनिक क्रिया-कलाप, गृह-गंध और सारे शब्द बिम्ब जिनके भीतर से आदमी के सहज जीने की छवियाँ झाँकती हैं, बहुत ही सीधी, सजीव भाषा में व्यक्त किए गए हैं। इन कविताओं की भाषा को सीधे ज़िन्दगी से उठाया गया है और उसमें आज के मुहावरे का यथार्थ (रीयलिज़्म) दृष्टव्य है। आज की समकालीन कविता

जब अन्योक्ति परक होकर रह गयी है, रपट बन गई है, एक-से शब्द-बिम्बों की दुहराहट सर्वत्र दिखाई देती है और यथार्थ की मार्मिक संवेदना के स्थान पर उसके कंकाल की खड़खड़ाहट सुनाई देती है, तब ये कविताएँ समाजिक तथ्यों और शिल्प का एक नया नमूना नयी पीढ़ी के सामने रखती हैं। इन कविताओं में सामाजिक परिवर्तन की अदम्य आकांक्षा अत्यन्त आत्मीय सम्बन्धों के बीच से जाग्रत हुई है। ज़मीन की गन्ध से जुड़ी हुई इन कविताओं से सामाजिकता को एक नयी दिशा मिलेगी।

आज के आदमी की दिनचर्या, उसके सामान्य जीवन के विविध अनुभवों को सहजपूर्वक अभिव्यक्त करने वाली ये कविताएँ अन्ततः गहरे, विषम सामाजिक सन्दर्भों से जुड़ जाती हैं। इनमें कोई नारा नहीं, कोई मताग्रह नहीं, कोई दंभ नहीं, कोई चापलूसी नहीं, कोई फ़ैशनपरस्ती नहीं, ये रचनाएँ मात्र कविताएँ हैं।

एक कविता है 'बढ़ती हुई लड़की' :

इस लड़की के बस्ते में
अब नहीं मिलती हैं कच्ची कच्ची इमलियाँ
खटमीठे फालसे भी नहीं मिलते हैं
कॉपी के अन्तिम पन्ने पर
लिखी मिलती है प्रेम कविता

कविता 'गले मिलते रंग में' खिल उठे हैं किशोरावस्था के सपने :

जब मिलता है गले एक रंग
दूसरे रंग से
कुछ बदल जाता है उसका रंग
पहले से
जैसे कुछ बदल जाता है आदमी
दूसरे आदमी से मिलने के बाद
रंगों की बारिश हो रही है
और पत्तियों से टपक रहा है रंग
मेरी आत्मा के भीतर
हवा में गूँज रहा है
सिर्फ़ एक शब्द बार बार
प्यार प्यार प्यार

परन्तु कितने ही किशोर सपने बेहद बदरंग हो जाते हैं प्रतिकूल परिस्थितियों के दबाव से। 'चाँदी के तार' की ये पंक्तियाँ देखिए :

वह रोज़
एक पुराने संदूक से

नए और तह किये कपड़े निकालती
थोड़ी देर उसे हाथ से सहलाने के बाद
वह सोचती कि इसे उस दिन पहनेगी
फिर उसी संदूक में आहिस्ता से
उन कपड़ों को तहाकर रख देती
एक दिन
उसने दर्पण में देखे
अपने सिर में कई चाँदी के तार
उस रात घोड़ों की टापों ने
उसे रौंद डाला

'विवाह की पहली वर्षगाँठ पर' का एक अनुभव :

इस दरम्यान सीखा है बहुत कुछ
मसलन माँगकर सिगरेट पीने का सलीक़ा
आलू खरीदने के बाद
हरी मिर्च मुफ़्त लेने का तरीक़ा

'खिलाफ़ हवा से गुज़रते हुए' की एक अत्यधिक विशिष्ट कविता है 'बीड़ी'। क्रांति की आहटें किस खूबसूरती के साथ ध्वनित की गई हैं :

सामने से एक बीड़ी पीता हुआ आदमी आता है
अधजली बीड़ी वाला उसे रोकता है
बीड़ी से बीड़ी मिलती है।
आग से आग फैलती है।

31 वर्षीय विनोद दास मात्र एक कवि ही नहीं कथा-साहित्य, भेंटवार्ता, आलोचना और अनुवाद के क्षेत्रों में भी उनका कृतित्व उल्लेखनीय है। नई पीढ़ी के विशिष्ट हिन्दी कवि क़रार दिया जाने की घोषणा से रोमांचित हो उन्होंने कहा—

'मुझे इसकी बिल्कुल उम्मीद नहीं थी। मैं तो अपने काव्य-संकलन की प्रतियाँ तैयार कर कोई और प्रकाशक ढूँढ़ने के प्रयास में था। मैं सचमुच आह्लादित हूँ।'

बातचीत के दौरान उन्होंने एक बात और कही जो हमारे लिए संतोष और प्रेरणा का कारण है। उन्होंने कहा कि 'यह प्रतियोगिता-क्रम एक बड़ी अच्छी शुरुआत है। इससे देश के कोने-कोने में साहित्य-सृजन में रत उदीयमान लेखकों को यह आश्वासन मिलेगा कि यदि वह गंभीरतापूर्वक साहित्य-साधना में तल्लीन रहें, तो कभी न कभी उनकी प्रतिभा भी ऐसे ही पहचानी जायेगी।' उन्होंने गद्गद् कंठ से यह आश्वासन दिया कि वह भारतीय ज्ञानपीठ को कभी निराश नहीं करेंगे और अधिकतम समर्पित भाव से स्वयं को काव्य-सृजन को सौंप देंगे।

इस प्रकार की प्रतिक्रियाओं से हमें यह प्रतियोगिता-क्रम जारी रखने का बल मिलता

है और इसकी सार्थकता में हमारी निष्ठा और पुष्ट हो जाती है। एक सपना था जो भारतीय ज्ञानपीठ की संस्थापिका श्रीमती रमा रानी जैन ने देखा था। वह सच्ची साहित्य-मर्मज्ञा थीं और उनकी हार्दिक आकांक्षा थी कि वह नई पीढ़ी के होनहार बिरवों को फलते-फूलते देखें। उनका स्वप्न तो विराट् था। हम उनके स्वप्न को आंशिक रूप से भी साकार कर सके, तो अपने को धन्य मानेंगे।

हमारा प्रयास होगा कि नयी पीढ़ी के लिए यह प्रतियोगिता-क्रम ज़ारी रहे और कहानी तथा कविता के बाद नाटक, उपन्यास, व्यंग्य, ललित निबंध आदि की विधाओं में भी प्रतियोगिताएँ आयोजित हों।

तो लीजिए, प्रस्तुत है विनोद दास का काव्य-संकलन 'ख़िलाफ़ हवा से गुज़रते हुए'। हमें विश्वास है इसमें से गुज़रते हुए आपको अपनेपन और ताज़गी का एहसास होगा।

1986

बालस्वरूप राही

आमुख

शुरू-शुरू में कविताएँ प्रकाशित कराना मुझे बहुत उत्साहवर्धक नहीं लगता था। इस संग्रह की मुद्रण प्रति तैयार करने और प्रतियोगिता में भेजने के लिए भी मुझे अपने आप से कम नहीं लड़ना पड़ा। कविताएँ सुनाने में भी संकोच रहा है। आत्मीय मित्रों के दबाव में छोटी-बड़ी पत्र-पत्रिकाओं में कविताएँ भेजनी शुरू कीं। कविताएँ छपने लगीं तो यह सिलसिला और आगे बढ़ा।

इस संग्रह की ज्यादा कविताएँ पिछले दो-तीन वर्षों में लिखी गयी हैं। कुछ कविताएँ ऐसी भी शामिल हैं, जब मैं कविता का ककहरा सीख रहा था। पाठकों में मेरी गहरी आस्था है। मुझे यक़ीन है कि वे ऐसी कविताओं को इस संग्रह में शामिल करने के औचित्य को समझेंगे।

1986

विनोद दास

जनकवि शमशेर बहादुर सिंह, नागार्जुन और केदारनाथ अग्रवाल
के पचहत्तर वर्ष पूरे होने पर उनकी दीर्घायु कामना के साथ
सादर

क्रम

चाँदी के तार

वह रोज़
एक पुराने संदूक से
नए और तह किये कपड़े निकालती

थोड़ी देर उसे हाथ से सहलाने के बाद
वह सोचती कि इसे उस दिन पहनेगी
फिर उसी संदूक में आहिस्ता से
उन कपड़ों को तहाकर रख देती

जब होती कहीं आस-पड़ोस में शादी
उसको चढ़ आता बुख़ार
और भयंकर दर्द से
उसकी देह ऐंठने लगती

वह सोने से पहले
हर रात देखती एक सजा घोड़ा
जो आकाश से उतरता था
और उसे बहुत दूर ले जाता था

एक दिन
उसने दर्पण में देखे
अपने सिर में कई चाँदी के तार
उस रात घोड़ों के टापों ने
उसे रौंद डाला

पारदर्शी किला

यह एक पारदर्शी क़िला है
घंटी चीख़ती है
रपटता है बीड़ी बुझाकर
बंद कमरे की तरफ़
स्टूल पर बैठा आदमी

घंटी इंतज़ार नहीं कर सकती
कर सकती है नींद हराम
बिगाड़ सकती है जीवन
देर होने पर

इस बंद कमरे में
आख़िर किस पर बहस होती है
अक्सर एक सुन्दरी होती है वहाँ
एक पेंसिल और छोटी कॉपी के साथ
वे चाय पीते हैं हँसते हैं लगातार
स्टूल पर बैठा आदमी सोचता है
क्या हँसना इतना आसान है

स्टूल पर बैठा आदमी
हँस रहा है
पर उसके हँसने की शक्ल
रोने से इस क़दर मिलती क्यों है

तवा

यह लौटने का वक़्त है

एक औरत इंतज़ार करती है
चूल्हे के पास रखे तवे के साथ

तवा ठंडा है

मैं जब कोई ठंडा तवा देखता हूँ
काँप उठता हूँ

ठंडे तवे के पास फैली है
उदास ख़ामोशी

इस उदास ख़ामोशी से
मैं निपटना चाहता हूँ
तवे को मैं तपता हुआ देखना चाहता हूँ
लेकिन यह चुनौती देता रहता है
मुझे सुबह और शाम
लौटने का वक़्त हो चला है

अभी एक आदमी
कुछ बुदबुदाता आयेगा
एक गंदे झोले के साथ
थककर चूर

आग दहकेगी तवा गरम होगा
पकते हुए आटे की गंध
चारों तरफ़ फैल जायेगी
फिर तवा सो जायेगा
ठंडे चूल्हे के पास
अगले दिन आग में जलने के लिए
बिना किसी पश्चात्ताप

साँस रोक कर याद करो भोपाल

एक

देखो देखो भाग रहे हैं लोग
खाँसते खखारते
आँखें मलते साफ़ करते
अपनी छाती दबाये हुये
कुहरे में भाग रहे हैं लोग
न जाने किस ओर
एक-दूसरे से बेख़बर

लोग भाग रहे हैं
और पकड़े नहीं हैं
किसी का हाथ

क्यों भाग रहे हैं लोग
क्या जल्दी है
आश्चर्य है
उन्होंने ताले भी नहीं लगाये
अपने घरों में
वे सिर्फ़ भाग रहे हैं
बेतहाशा छोड़कर होशो-हवास

उनके पास कोई नहीं है सामान

सिर्फ़ हवा है
और पैरों तले ज़मीन

कुछ ही क्षणों में
हवा ने दे दी दग़ा
और वे ख़ाली शीशियों की तरह
लुढ़क गये ज़मीन पर
फड़फड़ाते हुए

उस सुबह
फिर हमारी आँखें ही नहीं
पत्थर, पत्तियाँ और ज़मीन भी गीली थीं

दो

अजीब दृश्य है

इस शहर में चारों तरफ़ आँखें ही आँखें हैं
चलती फिरती
गहरी सुर्ख़ आँखें
या खुली फैली निश्चल आँखें

फैली निश्चल आँखों को देखकर
मुझे लगता है
जैसे वे विनती कर रहे हों
अभी और दुनिया देखने की

थोड़ी दूरी पर
बकरी इस कदर सुन्दर लग रही है
कि मैं अपने आपको रोक नहीं पाता हूँ
मैं उसकी पूँछ छूता हूँ
उसके शरीर में कोई हरकत नहीं होती है
उमेठता हूँ कान
उसके शरीर में कोई हरकत नहीं होती है
मैं अपनी आँखों पर डालता हूँ ज़ोर
और हैरानगी से फेरता हूँ
उसकी त्वचा पर हाथ

उसकी त्वचा
न तो पत्थर की है
और न ही रबड़ की
उसकी त्वचा सिर्फ़ बकरी की त्वचा है
शत प्रतिशत बकरी की त्वचा
सिर्फ़ उसमें वह कंपन नहीं है
जिससे आ जाती है
हथेलियों में गर्माहट

डरा हुआ
जब मैं सोचता हूँ
लोगों की आँखें फैली क्यों हैं
वे हिलती-डुलती क्यों नहीं
लोगों को छूने से
मेरी हथेलियों में क्यों नहीं आती गर्माहट

मेरा शरीर झनझनाने लगता है

तीन

सारा आकाश ख़ाली है
एकदम सुनसान
और बेहद उदास

आकाश में
न तो चिड़ियाएं तैर रही हैं
और न ही नाच रही हैं
रंग-बिरंगी पतंगें

इस शहर की चिड़ियों को बहुत नाज़ था
वे सिर्फ़ आकाश में ही नहीं उड़ती थीं
वे प्रचार भी करती थीं जनतंत्र का
वे विचरण करती थीं
स्वामीनाथन के चित्रों में
बनाती थीं घोंसले
कवियों के शब्दों में

वे कहाँ गयीं चिड़ियाएं
क्या उन्हें ले गया कोई शिकारी
थैलों में भरकर
शामला पहाड़ियों पर

वे पतंगें कहाँ गयीं
जिन्हें उड़ाते थे छोटे-छोटे हाथ
क्या लूट कर ले गया कोई उन्हें
अनंत आकाश में

गले मिलते रंग

आह्लाद में डूबे रंग खिलखिला रहे हैं

इतने रंग हैं
कि फूल भी चुरा रहे हैं रंग
आज तितलियों के लिए

गले मिल रहे हैं रंग

जब मिलता है गले एक रंग
दूसरे रंग से
बदल जाता है उसका रंग
कुछ पहले से
जैसे कुछ बदल जाता है आदमी
दूसरे आदमी से मिलने के बाद

कितने रंग हैं जीवन के
क्या फ़र्क़ कर सकते हो तुम
गुलाल और रुधिर की लालिमा में

निकल आए हैं घोंसले से बाहर लोग
आसमान होता जा रहा है लाल

एक नाटा लड़का अचानक
फेंकता है उचक कर रंग का गुब्बारा
भीग जाती है इरफ़ान चचा की दाढ़ी
इरफ़ान चचा खिलखिला रहे हैं
खिलखिला रहे हैं उनकी दाढ़ी के बाल

रंगों की बारिश हो रही है
और टपक रहा है रंग
मेरी आत्मा के भीतर

हवा में गूँज रहा है
सिर्फ़ एक शब्द बार बार
प्यार प्यार प्यार

और प्यार
लाज से छिपा रहा है
अपने रंगे हुए गाल

इच्छाओं की राख

तुम जीवन चाहती थीं
जीना
जीवन की तरह

जीवन जीने के तमाम रास्ते थे
लेकिन सब बंद थे तुम्हारे लिए
सिर्फ़ एक के सिवाय

वह रास्ता उस देश को जाता था
जहाँ उड़ती थी तुम्हारी इच्छाओं की राख

वहाँ सारे दिन हड्डियाँ तोड़ने के बाद
वहाँ सारे दिन बुरी आवाज़ें सुनने के बाद
वहाँ रात में पशु से क्षत-विक्षत होने के बाद
तुम्हें याद आते हैं
बीते हुए अच्छे दिन

जब घुटने लगता है वहाँ तुम्हारा दम
तुम खोलती हो खिड़की
और देखती हो निरुपाय
खिड़की में लगी मज़बूत सलाख़ें

लोहे की सलाख़ों पर सिर रखकर
तुम करती हो प्रलाप
बिना किसी आवाज़

तुम घिस रही हो बरतन
बरतन की तरह घिसता जा रहा है
तुम्हारा जीवन
नि:शब्द रोते जागते
लगातार लगातार

विवाह की पहली वर्षगाँठ पर

तुम कहोगे
मीठे रस के सरोवर में
डूबने का दिन है
पर घर में भरी है धुंध
जिसमें डूबना मुश्किल है

इस दरम्यान जाना है बहुत कुछ
मसलन जाना है बेचैनियाँ
किस तेज़ रफ़्तार से बढ़ती हैं
जाने हैं वे अद्‌भुत रहस्य
जो पहले परेशान करते थे
जाना है एक स्त्री को
जिसके पास है
विभोर करने वाला रसकलश
पी सकती है जो अपमान
पानी की तरह

इस दरम्यान सीखा है बहुत कुछ
मसलन माँग कर बीड़ी पीने का सलीक़ा
आलू ख़रीदने के बाद
हरी मिर्च मुफ़्त लेने का तरीक़ा

मित्र, शेष हो रहा है समय
वरना और भी कुछ अद्वितीय अनुभव सुनाता
फ़िलहाल मुझे ज़रा जल्दी है
दुकान बंद होने से पहले
मुझे बनवाना है आज
अपना स्टोव

ख़त

ख़ाकी कबूतर की पीठ पर आती हो तुम
लाती हो कभी धूप लाती हो कभी ठंड तुम

रात दिन तुम करती हो यात्रा
जमी है तुम्हारे पाँवों में
बेहिसाब शहरों की धूल
पहुँच जाती हो तुम इच्छित के पास
बाधाओं की आँखों में झोंक कर धूल

आतीं नहीं जब तुम कई बार
करती हो तब तुम मुझे बेहद विकल
तुम मेरी सान्त्वना तुम मेरी ख़ुशी
तुम मेरी व्यग्रता तुम आना कल

पंजाब : 1984

सड़क पर गूँजती है
एक तेज़ वाहन की आवाज़
छूट गया है किसी के हाथ से गिलास
बंद हो गये हैं खटाखट सारे किवाड़

भइया! यह कैसी है आवाज़
पूछती है एक मासूम बच्ची
रजत चतुर्वेदी के मुँह में नहीं रह गयी है आवाज़
आवाज़ खा गयी है आवाज़ को

थकान से करती हुई युद्ध
बिस्तर में सोचती है अमरजीत कौर
सतगुरु! यह कैसा है अजब दौर
आ जाती थी मुझे देखकर
रजत चतुर्वेदी की आँखों में मीठी चमक
फिर जाती हैं क्यों वे आँखें
उसे देखकर अब

अमरजीत कौर बीते दिन याद कर रही है
सारा शहर बीते दिन याद कर रहा है
खप्पर में भर रहा है रक्त

हाथ उठाकर स्वर्ण मंदिर की ओर
माँगती है दुआ
अलस्सुबह अमरजीत कौर
लौट आयें भटके भूले
यक़ीन जाने से पहले

बढ़ती हुई लड़की

इस लड़की के बस्ते में
अब नहीं मिलतीं हैं कच्ची कच्ची इमलियाँ
खट्टे-मीठे फ़ालसे
लिखी मिलती है
कॉपी के अंतिम पन्ने पर
एक प्रेम कविता

स्कूल से लौटते हुए
इसके टिफ़िन के ख़ाली डिब्बे में
अब नहीं बजते हैं चिकने सुडौल गीट्टे
फ़िल्मी हीरो की तस्वीर मिलती है

बाज़ार में घूमते हुए
यह लड़की लैमनचूस
या परियों की किताब की तरफ
अब आँख उठाकर देखती तक नहीं
सिर्फ़ रंग-बिरंगी बिंदियाँ और फ़ीते ख़रीदती है

कच्ची धूप-सी
इस लड़की की खिलखिलाती हँसी
अब अपने बाबू को प्यार से नहलाती नहीं है
नींद में सूराख़ करती है

बीड़ी

कान पर रखी अधजली बीड़ी
वह अपने दाएँ हाथ में लेता है
और बेचैनी से इर्द-गिर्द देखता है।

वह बेहद परेशान है
उसे आसपास कहीं आग दिखायी नहीं देती
और मैं चकित हूँ
कि आग उसके भीतर है
और वह उसे देख नहीं पा रहा है
दोष उसका नहीं है
मैं सोचता हूँ
वक़्त इतना ख़राब आ गया है
और चीज़ें इतनी अस्पष्ट हो गयी हैं
वह भला क्या
किसी की भी आँखों में
मोतियाबिंद झिलमिला सकता है

सहसा एक सुर्ख़ बिन्दी दिखायी देती है
वह उसकी तरफ़ रपटता है
किन्तु सिगरेट को देखते ही
उसके हाथ की बीड़ी डरकर
उसकी अंगुलियों से और अधिक सट जाती है

यह ठंड की रात है
और ठंड
बीड़ी के तम्बाकू तक पहुँच गयी है

सामने से बीड़ी पीता एक आदमी आता है
अधजली बीड़ीवाला उसे रोकता है
बीड़ी से बीड़ी मिलती है
आग से आग फैलती है

मुझे लगता है
जैसे गुपचुप कोई तैयारी चल रही हो

अब बीड़ियाँ सुलग गयी हैं
और चमक रही हैं अँधेरे में
गुप्त संकेत देती हुईं

नए साल पर

क्या यह साल भी गुज़र जायेगा
पिछले साल की तरह

क्या इस साल भी
नहीं मिला पाऊँगा बनिये से आँख
काट दूँगा जाड़ा
सिकोड़े हुए पखौरे

क्या इस साल भी
नहीं हो पायेंगे मेरी बहन के पीले हाथ
गर्दन झुकाये अफ़सर की फटकार
क्या इस साल भी सुनता रहूँगा

क्या इस साल भी
खाँसी मेरा पीछा नहीं छोड़ेगी
पूरा कर पाऊँगा क्या वे काम
जो पिछले साल नहीं कर पाया

क्या इस साल भी
पृथ्वी पर बहता रहेगा रक्त
क्या इस साल भी जीवित रहूँगा
पिछले साल की तरह

आदिवासियों का गीत :
तीन कविताएँ

एक

पेड़ हो गये हैं हम जंगल में रहते रहते
आँधी, गरम लू, ठंड और बारिश सहते सहते
हम सहना बन गये हैं धीरे धीरे

हम हड्डियाँ हैं बिना गोश्त की
काँटे चुभते हैं और हम सी तक नहीं करते
पत्थर तपते हैं तपता है समय
हमारे पैरों में जलन तक नहीं होती
हम काठ के पैर हैं

बिना भात की हँडिया हैं हम
नहीं, नहीं, हमें भी भूख लगती है
हम झूठ नहीं बोलेंगे
झूठ बोलेंगे तो हमारे पेट में मुर्ग़ी बोलेगी
हमारे पास महुआ है सूखा तेंदू है
यह भी नहीं मिलता कोई बात नहीं
पृथ्वी विशाल है बेशुमार चीज़ें हैं पृथ्वी पर
भूखे थोड़े ही सोते हैं हम
कुछ न कुछ मिल ही जाता है
कंदमूल, कड़वी पत्तियाँ, मेंढक, भूरी चींटियाँ
हमारा पेट भर ही जाता है कुछ न कुछ खाकर

वस्त्रविहीन आकृतियाँ हैं हम
नंगे हैं असभ्य हैं हम
न बोलना आता है हमें और न ही बैठना
झूठ को सच बनाने की कला भी नहीं आती
सच में हम पूरी तरह जंगली हैं
ख़ून गरम है हमारा
नहीं है हमारे पास वैसा टंडा शहरी दिमाग़
जो चूसता है रक्त को धीरे धीरे
और वध्य को पता भी नहीं चलता

दो

पेड़ों की छनती रोशनी में चीज़ों को देखते हैं हम
हिलता रहता है मकड़जाल का पारदर्शी छाता सिर पर
बिच्छू रेंगते हैं हम बिल्कुल नहीं डरते
जब खड़खड़ाता है कोई सूखा पत्ता
रुक जाती है हमारी साँस

पक्षी छोड़ जाते हैं पंख
धारण करते हैं हम पंख सिर पर
सच पूछो तो हम पृथ्वी पर गिरे पंख हैं
दुर्भाग्य की बारिश गिरती है हमारे ऊपर
बंदूक के छर्रों की तरह
लकड़ी की सीली गंध ज़मीन से ऊपर उठती है
सीलन इस क़दर भर चुकी है हमारे भीतर
हम कभी भी भुरभुरा के गिर सकते हैं

पत्थरों को तोड़कर बनाते हैं हम खेत
अपने दुखी रक्त से सींचते हैं उसे
हमारे पसीने की एक एक बूँद का होता है पुनर्जन्म
अन्न के चमकते दानों पर
रात भर अटारी पर बैठकर लगाते हैं आवाज़
ज़रा आँख लगी
चींथ डालता है भालू हमारा शरीर
हमारा जीवन विकट है विकट है हमारा जंगल

आख़िर हम जायें तो कहाँ जायें
जंगल में भी अब बची नहीं है जगह हमारे लिए
वहाँ लगाये जा रहे हैं लोहे के पेड़
और तुम्हारी सुंदर दुनिया में
हम काले असुन्दर को रहने की आज्ञा नहीं है

तीन

जब जीवन दूभर हो जाता है
उड़ने लगती हैं सूखी पत्तियाँ हमारे भीतर
नदी से पानी पीकर लौट आते हैं हिंसक पशु
जब कुछ भी नहीं बदलता
इंतज़ार का ख़त्म हो जाता है सब्र
अधकटी मछलियों की तरह छटपटाते हैं हम
जब हम चीख़ते हैं और लौट आती है
चट्टानों से टकरा कर आवाज़
हम भूल जाना चाहते हैं कुछ क्षणों के लिए
ऋतुओं के प्रकोप और जंगल

ढोल बजता है   उठती है देह में
एक नशीली थरथराहट
हिलने लगता है हृदय में थमा थक्कों से भरा काला दुख
नदी की कलकल-सा फूटता है कंठों से राग
गाने लगता है आसमान   गाने लगती है बाँसों से गुज़रती हवा
गाने लगती हैं हमारे भीतर की सूखी पत्तियाँ
हम हँसते-हँसते गाते हैं   हम गाते-गाते रोते हैं
भीग जाता है चाँदनी रात में जंगल
साँसों की आदिम धुन में
सिर्फ़ दिखायी देता है एक सान्द्र रंग
लगता है उड़ते पक्षियों के पंख की तरह
हम हो गये हैं मुक्त

यही वह वक़्त होता है
आती है शहर से एक जीप
उड़ाती हुई धूल हमारी इच्छाओं पर

उतरते हैं टाई पहने साहब
हुक्म देते हैं हम देखेंगे नाच

हम नाचते हैं कसते हैं वे फब्तियाँ
भूली यातनाएं प्रकोप और जंगल
याद आने लगते हैं हमें फिर
सुबह होती है पड़ी मिलती हैं बंगले में
हमारे कुनबे की बेसुध लड़कियाँ
उनके देह पर चमकते हैं
दाँत और नाख़ून के उभरे निशान
दिन के उजाले में

तपता लोहा

संकरी-सी जगह में
सीढ़ियों के पास
एक पुरानी मेज़ पर
अक्सर झुकी रहती है उसकी गरदन
मानो गल गयी हो उसकी रीढ़ की हड्डी

उसके आसपास होते हैं
ढेर सारे कपड़े
ढेर सारे रंग
ढेर सारा कोयला
ढेर-सी राख

राख का रंग मिलता है
उसकी इच्छाओं से बहुत

वह चाहता है
पहनें लोग कपड़े धुले और साफ़
साफ़ कपड़ों की तरह हों उनके हृदय साफ़

उसके हाथ में है
इस वक़्त
एक तपता हुआ लोहा

उसके इरादों की तरह गरम
जो जल्दी ठंडा नहीं होगा
वह मिटाता रहता है कपड़ों की झुर्रियाँ
हालाँकि उसका चेहरा ख़ुद झुर्रियों का थैला है

उसे कुछ शब्दों से बेहद प्यार है
कुछ से बेहद चिढ़
चिढ़ने पर वह जवाब तक नहीं देता
किन्तु पुकारने पर राघू भाई
उसकी आँखें नरम हो जाती हैं

इस क्रूर शहर में
उसे हर चीज़ लगती है अनूठी
बिस्तर पर बदलते हुए अकेले करवट
वह करता है बातें
चन्द्रमा से मीठी-मीठी
गर्मियों में
उसे आती है बेतरह याद
आँधी में झरते आमों की
सुनता है वह नींद में आवाज़
छुक-छुक जाती गाड़ी की

संदूक

सब कुछ छोड़कर
इसे माँ साथ लायी थी
अपने संस्कारों के साथ जब
पहले पहल घर आयी थी

समय गुज़र जाता है बग़ैर जाने
इसका रंग खुरच गया है बग़ैर जाने

माँ कहती है
पहले इसमें आभूषण और नए कपड़े थे
माँ कहती है तो शायद रहे होंगे
मैंने कभी नहीं देखे

थकान और पुराने कपड़ों से भरता जा रहा है संदूक
जो चीजें नहीं हैं जो होनी चाहिए
माँ उसे अनावश्यक कहकर टालती रहती है

इसमें कुछ पुराने सिक्के हैं
जो बाज़ार में अब नहीं चलते

गाड़ी में होती है जब माँ
नए चाल के लड़के इसे देखकर नाक-भौं सिकोड़ते हैं
और माँ बार-बार अपनी सीट के नीचे झाँकती है
और उसे अपनी जगह पाकर चैन की साँस लेती है

नमक

मुँह में कौर डालते ही
मैं चीख़ता हूँ
नमक

पत्नी कहती है
घर में नहीं है नमक
कहता है दुकानदार
बाज़ार में नहीं है नमक

संसद में उठता है सवाल
शोर उठता है उठते हैं हवा में हाथ
हाँफते हुए उठते हैं गोलमटोल मंत्री
और देते हैं बयान
बाज़ार में उपलब्ध है नमक
सस्ते दामों पर

मैं जानता हूँ
यह तय करना मुश्किल है
मंत्री के सच में है
कितना नमक
मैंने सुना है
इधर उन्होंने त्याग दिया है सेवन
नमक का
इस पर मैं कोई टिप्पणी नहीं करूँगा
मुझे मालूम है
नमक पचाना आसान नहीं है

कहाँ ग़ायब हो जाता है नमक
कैसे ग़ायब हो जाता है नमक
मुझे मालूम नहीं है
जैसे मुझे मालूम नहीं है
कैसे ग़ायब हो जाती हैं शहर से
अचानक एक रात में
गंदी बस्तियाँ

ग़ायब हो जाएगा
यदि नमक बाज़ार से
समुद्र दुश्मनों के कब्ज़े में भी होगा
हम थोड़ा-सा बचा रखेंगे नमक
अपने पसीनों में
अपने रक्त में
अपने आँसुओं में आख़िरी दिनों तक

अधूरा स्वेटर

जब सर्दियाँ आती हैं
तुम बुनने लगती हो स्वेटर
पुराने ऊन का

पुराने ऊन से
तुम हर सर्दियों में
पूरा करना चाहती हो एक स्वेटर

पुराना ऊन
बार-बार टूटता है
और तुम हर बार
एक नयी उम्मीद से उसे जोड़ती हो

तुम फंदा डालकर
जब बुनती हो एक घर
तुम्हारे शरीर में एक तेज़ सिहरन होती है
और आँखों में तैरने लगता है
एक स्वच्छ घर

मैंने तुम्हारा घर नहीं देखा है
सर्दियाँ बीतती ही चली जा रही हैं
और तुम्हारा स्वेटर
कभी पूरा नहीं होता

दोपहर

जून की दोपहर
बैलगाड़ी पर चढ़कर आ रही है
चीज़ों को तपाती हुई
ख़ून को ललकारती हुई

एक औरत उठती है
और गेहूँ के स्वच्छ और भीगे दानों को
फैला देती है घर की छत पर

दाने की खाल हो रही है सख़्त
और उसकी चमक
एक आदमी की भूख को पार कर रही है

बहरहाल यह दोपहर है
तपती ज़मीन पर नंगे पैर चल रहे हैं
डाकिया साइकिल की घंटी बजाता
चिट्ठियाँ बाँट रहा है
बोझ सिर पर लादे एक औरत
ललाट से पसीना पोंछ रही है
धूल भरी हवा हमारे फेफड़ों में
अपना घर बना रही है
दोपहर सेंध लगाकर
अब पहुँच रही है वहाँ
दुनिया से बेख़बर जहाँ
एक आदमी ऊँघ रहा है

वह उसकी ऊँघ नष्ट करना चाहती है

संसार की तमाम लिजलिजी वस्तुओं के ख़िलाफ़
विचारों को धीरे-धीरे पकाते हुए
वह दुनिया को बनाना चाहती है
अपनी ही तरह पारदर्शी
गरम और चमकीली

दोपहर उतर रही है
हमारे पसीने से माँगती हुई
पूरे दिन का हिसाब

बावजूद

मैं अकेला बर्फ़ तोड़ता हूँ
ठोस ठंडी और सफ़ेद बर्फ़

बर्फ़ के भीतर हैं
अनंत दुखभरे वृतान्त
तापमान के ख़ौफ़ से
जो मोटी परतों में छिप गए हैं

मैं उन परतों में वह आग खोजता हूँ
जहाँ से बेशुमार धुआँ निकलता है

घनघोर रात में
मैं जानता हूँ कि निरापद नहीं हूँ
मुझे वातावरण में सामिष गंध महसूस हो रही है

लेकिन ज़िद्दी कठफोड़वे-सा
मैं सख़्त बर्फ़ तोड़ता हूँ
क्षत-विक्षत होने के बावजूद

पिंजड़ा

हल्की हवा में
गहरी साँस लेता हूँ
और डूबते हुए सूरज को साक्षी मानकर कहता हूँ
मैं यहाँ नहीं आऊँगा दुबारा
मुझे नहीं चाहिए मीठे फल

मेरी उम्र के पंख गिर रहे हैं लगातार
जा रही है आँखों की रोशनी
छाती में उठता है भयानक दर्द
मेरी समझ में नहीं आता यहाँ का मायाजाल
खो गयी है यहाँ मेरी जीभ
मेरा साहस मेरा चहचहाना
निस्सार शब्द टाइप करते-करते
भिनभिनाने लगी हैं
मेरी आत्मा पर गंदी मक्खियाँ

मैं निश्चय करता हूँ
इस चाँदी के पिंजड़े में
फिर कभी नहीं आऊँगा

अगले दिन
फिर उसी पिंजड़े के सामने होता हूँ
और उसमें रखी रोटी
धीमे से मुस्कराती है

सामना

हवा ख़िलाफ़ थी
और मैं जा रहा था

एक चौराहा ही गुज़रा था
मुझे लगा
साइकिल में कम हो रही है हवा

दूसरे चौराहे तक पहुँचते-पहुँचते
टायर से हवा हो गयी हवा
पूरी तरह से

हवा बह रही थी
और हमारे यहाँ लोकतन्त्र भी था
लेकिन मैं इस क़दर निरुपाय था
कि थोड़ी-सी भी नहीं भर सकता था हवा
अपनी साइकिल में

काफ़ी देर घिसटने के बाद
मैंने देखा
पेड़ के नीचे बोरे पर बैठा एक आदमी
एक पम्प और टूटे बक्से के साथ
जब मैं उसके पास पहुँचा
झपकी ले रहे थे औज़ार
उस टूटे बक्से में

साइकिल को देखते ही
वह आदमी बक्से पर झुका
आँखें मलने लगे औज़ार

फिर उसने टायर खोला
ट्यूब को पानीभरे तसले में डुबोया
और कुछ ग़ौर से देखने लगा
जैसे तलाश रहा हो वह जगह
जहाँ दुश्मन ने बना रखा है
चोर दरवाज़ा

पानी के बुलबुले के नीचे
छिपा था
चोर दरवाज़ा

मुझे यह करिश्मा-सा लगा
जब निस्पंद टायर ज़रा हिला
फिर लड़खड़ाता हुआ उठा
और तनकर खड़ा हो गया
एक योद्धा की तरह

तनकर खड़े होने में
कितना सौन्दर्य है
कितनी गरिमा
मैंने पहली बार महसूस किया

वज़ीफ़ा

उसके छूते ही चीज़ें बदल जाती हैं अकस्मात्
पेय जल बदल जाता है अपेय जल में
घूरे में फेंकने लायक़ हो जाती है स्वादिष्ट रोटी
जब ग़लती से छू लेता है वह कोई बरतन
पड़ जाती है उसे राख से माँजने की ज़रूरत

वह ख़ुद से पूछता है
वह कौन है आख़िर
उसके छूते ही कैसे बदल जाती हैं चीज़ें
इतनी जल्दी और उसे पता भी नहीं चलता

वह हैरान सोचता है
जिस घर में काम करती है माँ
मालकिन की आँख बचाकर
जब मालिक थपथपा देते हैं माँ के गाल
काट लेते हैं चिकोटी
जब लाचारी से झुका लेती हैं माँ सिर
तब क्यों नहीं बदलती हैं चीज़ें

वह लगभग बिल्कुल नहीं समझ पाता है
उसके पिता हमेशा क्यों उकड़ूँ बैठते हैं
कुर्सी पर बैठे आदमियों के बीच
जब सहपाठियों को बैठने के लिए मिलती है
पाठशाला में टाट पट्टी
उसे क्यों लाना पड़ता है बैठने के लिए बोरा

वह लगभग बिल्कुल नहीं समझ पाता है
जब मिलता है उसको वज़ीफ़ा
मुँह दबाकर लोग हँसते क्यों हैं

शऊर

मैं उस मुड़ैछेवाले आदमी की ओर इशारा कर रहा हूँ
जिसके बाएँ हाथ में चमरौधे जूते हैं
दाहिने हाथ में लम्बी लाठी है
जो तपती धरती पर नंगे पाँव जा रहा है
जो अभी-अभी झुका है
और पाँव से काँटा निकाल रहा है

तपती धरती की जलन से
काँटों के दर्द से
उसके पाँवों का जो रिश्ता है
उसे सिर्फ़ वह ही बेहतर जानता है

आप समझते हैं
उसे चीज़ों के इस्तेमाल का नहीं बिल्कुल शऊर
देखो उसके सम्बन्धी का गाँव आ रहा है
वह मुड़ैछेवाला आदमी अब जूते में पाँव डाल रहा है

गाँव : छह कविताएं

एक

एक विस्तृत दालान था
एक वक्त था
खेलते थे हम सब उसमें सम्मिलित खेल

एक बार एक ऐसी आफ़त आयी
निकल गया बैलगाड़ी का एक पहिया
रीढ़ पर रेंगने लगी भय की छिपकली
रामलीला में बजा नहीं
करीम भाई का हारमोनियम

मुझे जबसे मिला है यह हाल
मेरा बहुत बुरा हाल है

दो

अकेलेपन को अकेलेपन से ख़त्म करते हुए
कटा पड़ा है अलग-थलग नीम का पेड़

गुस्से से बिफरते हुए
फूटता है उसका रुदन

वहं कहता है
क्या सूख गयी है
तुम्हारे भीतर की करुणा
तरुणाई में करते हो मेरा संहार
और बाज़ार से मंगवाते हो
दंतमंजन

मेरी कड़ुवाहट
सिर्फ़ शत्रुओं के लिए है

तीन

एक झीनी झाड़ी के पीछे
लोटा आगे रखे हुए
उकड़ूँ बैठी है एक औरत

जब सुनायी देती है कोई पदचाप
झट से खड़ी हो जाती है
वह औरत
आँखें नीची किये हुए

मुद्दत से वह खड़ी है
आँखें नीची किये हुए

अब उसके पेट में उठ रहा है तेज़ मरोड़
ओंठ भींचे हुए उससे लड़ रही है वह औरत

चार

यहाँ फूस का एक छप्पर था
वर्षा जिसमें आ सकती थी बेखटके
शरण ले सकते थे पक्षी

कराहता था लगातार
एक बूढ़ा रात भर
सुनता था करवट बदलते हुए एक बच्चा

दिन थे उनके लिए
तर्क से भी भारी
वह बूढ़ा ख़ुद से असंतुष्ट था
बोझ उठाने के सिवा
और कुछ उसे नहीं आता था

यहाँ अब रेलगाड़ी की पटरी है
क्या चला गया है वह
रेलगाड़ी पर बैठकर
अपने साम्राज्य के साथ
बहुत दूर

पाँच

एक बैरागी आया
उसने कान में मंत्र फूँका
तुम कमज़ोर हो
तुम मेरे साथ आओ
मैं तुम्हें ताक़त दूँगा

दूसरा बैरागी आया
उसने कान में मंत्र फूँका
तुम पिछड़े हो
तुम मेरे साथ आओ
मैं तुम्हें शिखर पर ले जाऊँगा

तीसरा बैरागी आया
उसने कान में मंत्र फूँका
तुम संख्या में कम हो
तुम मेरे साथ आओ
मैं तुम्हारी तरफ़ से बोलूँगा

आख़िरकार सब बैरागी रागी बन गये
और तुम्हारा आँगन अखाड़ा बन गया

छह

अरे ! तुम ख़ालिस गंजे हो गये हो
कहाँ गये वे केशों के जंगल
जो रोक लेते थे दुर्भाग्य की आँधी
ख़रगोश जहाँ छिप जाता था
कुत्तों से बचकर

एक कृश गाय
चर रही है जली घास
सूख गये हैं उसके थन
खण्डहर हो रहा है स्कूल

अरे ! तुम सिर्फ़ कंकाल भर रह गये
कहाँ गया तुम्हारे शरीर का गोश्त
क्या गिद्ध ले गये
जो उड़ रहे थे शहर की तरफ़

तुम्हारी नियति
अब उनके हाथों में है

तुम्हारी नहीं है
अब कोई अपनी नियति

घर

मेरे पास किराये का एक कमरा है
या एक घर है
इन दोनों बातों में कोई फ़र्क़ नहीं है

हर रात
इस एक कमरे वाले घर में
जब मेरे दोनों बच्चे ख़र्राटे भरने लगते हैं
एक अपराधी की तरह
मैं अपनी पत्नी के बिस्तर पर जाता हूँ

उन्मादक धुन पर
जब हमारे देह के अणु-अणु नाचने लगते हैं
हम उस वक़्त घबराये हुए सोचते हैं

वनैली फुसफुसाहट सुनकर
बच्चे कहीं डर न जायें
गला सूख जाने पर
अचानक कोई पानी न माँग ले
कोई चौंककर आँखें न खोल दे
भयानक सपने से

अक्सर ऐसा नहीं होता है
लेकिन यह भय बन रहता है
कि हम कड़े पहरे में हैं
दो जोड़ी नन्हीं आँखें
हमें देख रही हैं

सुबह

यह एक सुबह है
दूसरी सुबहों की तरह

आँख खुलती है
नज़र आती हैं कूड़े पर भिनभिनाती मक्खियाँ
रसोई में बिखरे जूठे बरतन
पलस्तर झरती दीवारें
मैले-कुचैले कपड़े

मैं सोचता हूँ
रात कितनी सहृदय है
ढाँप लेती है हमारी गंदगी
हमारी विवशताएं
एकदम माँ की तरह

इस सुबह मैं
याद करता हूँ पाठ
जो मुझे दफ्तर में दुहराना है

उतारता हूँ अभिनय
चालाक हँसी हँसने का
जो मुझे दोस्तों के बीच हँसनी है

घिसे ब्लेड से बनाता हूँ
जल्दी-जल्दी अपनी हजामत
कई जगह लग गयी है
कोई बात नहीं

पत्नी बढ़ाती है अपने अधर
मुझे फ़ुरसत नहीं है

छूट जायेगी मेरी दफ़्तर की बस

भजन और भोजन

भजन और भोजन का निमन्त्रण था

खेलावन राम की ऐश्वर्य कुटी पर
जब मैं पहुँचा
भजन चल रहा था
चल रही थीं कुछ चंचल आँखें
बज रहा था हारमोनियम
अपनी ख़राब आवाज़ में

वे भजन गा रहे थे
बेसुरी आवाज़ में
पा रहे थे मज़ा फ़िल्मी संगीत का
वे मगन थे अपनी चतुराई पर
फ़िल्मलोक के साथ
परलोक में जगह बना रहे थे

भजन और भोजन का निमन्त्रण था
लेकिन सुनने के बाद वहाँ भजन
भोजन की इच्छा भट्ठी में चली गयी

गृहिणी : कुछ कविताएं

एक

गृहिणी
सुखी है

उसके अधरों पर तैरती रहती है हँसी

गाहे बगाहे
कहता है कोई
यदि कटुवचन
गृहिणी बुरा नहीं मानती
सिर्फ़ सिर झुका लेती है

गृहिणी को कम लगती है भूख
थकती नहीं कभी
भोर में जब दुनिया गहरी नींद में होती है
उसके सपनों में आती है झाड़ू.

गृहिणी
सपने में भी झाड़ू लगाती रहती है
गृहिणी से
कोई जब पूछता है
वे कैसे हैं
कैसा है घर परिवार
गृहिणी कहती है
भले हैं सब
बहुत ख़्याल रखते हैं हमारा

यह कहकर भागती है गृहिणी
मुँह दाबकर
नल की तरफ़

मुँह धोकर
जब फिर आती है गृहिणी
उसके अधरों पर तैरती रहती है हँसी

गृहिणी
बहुत सुखी है
सिर्फ़ नल की तरफ़
दिन में कई बार जाती है

दो

गृहिणी शर्म बचा रही है

तपते तवे से जल गयी है उँगली
मारे शर्म के किसी से बताती नहीं

भूख लगी है
मारे शर्म के कुछ खाती नहीं

गृहपति धुत्त होकर लौटते हैं घर
खिचखिच होती है

पिटती है वह
पर मारे शर्म के ज़ोर से रोती नहीं

शर्म गृहिणी का आभूषण है
इस घर में गृहिणी के साथ आयी थी

शर्म इतनी बेशर्म है
जल्दी पीछा नहीं छोड़ेगी
वह गृहिणी के साथ जायेगी

तीन

गृहिणी
कहती है
माँ की धोती लानी है

वह तकरार करती है
बेटी की चप्पलों के लिए
घर की फटी चादर के लिए

गृहिणी मुस्कराकर
कभी-कभी टोक देती है गृहपति को
उसकी जीर्ण बनियाइन पर

गृहिणी की मसक गयी है धोती
कई टाँके लग चुके हैं चप्पलों में
लेकिन जब पूछो
कहती है गृहिणी
अभी मज़बूत है
कुछ दिन अभी और चल जायेगी
'अभी और'
कभी ख़त्म नहीं होगा
और गृहिणी
इसे कहते-कहते
एक दिन ख़त्म हो जायेगी

चार

सुबह से
रात तक काम करने के बाद
जब गृहिणी की फूल जाती हैं नसें
जवाब देने लगती हैं पलकें

गृहिणी
सो जाती है

आधी रात में
अचानक नींद में चौंकती है गृहिणी
फिर भागती है रसोई की तरफ़

दूध गरम नहीं किया है
कहीं फट न गया हो

पाँच

जब सहनशक्ति के घुटने टूट जाते हैं

गृहिणी प्रतिरोध भी करती है

वह उठती है
और बिलावजह
अपने बच्चे का मुँह तमाचों से लाल कर देती है

अवाक्
बच्चा जब फूट-फूट कर रोता है
वह दौड़ती हुई आती है
और बच्चे को गोद में उठाकर
बेतहाशा चूमने लगती है
आँखों के कोर पोंछते हुए

दिल्ली

गठरी लेकर चढ़ी हुई बूढ़ी औरत
चलती बस से गिर गयी

गिरने दो

पड़ोसी का पिता खाँस खाँसकर
मर गया

मरने दो

बाज़ार में एक खोया हुआ बच्चा
फूट-फूट कर रो रहा है

रोने दो

चाँदनी चौक के दंगे में
उजड़ गये दो घर

उजड़ने दो

दो कुँवारी लड़कियों की
लूट ली गयी असमत

लुटने दो

सड़क पर चवन्नी पड़ी है

वह झट से डालता है
जेब में हाथ
कहीं उसकी जेब तो नहीं फटी है

दुकान में

यह एक दुकान है

दुकान में
अनगिनत चीज़ें हैं
जिन्हें मैं नहीं जानता
तरह-तरह के रंगीन डिब्बे हैं
जो मैंने कभी नहीं देखे

भौंचक
मैं दुकान में खड़ा हूँ
और चीज़ों के समुद्र में
उसका नाम याद नहीं आ रहा है
जो मुझे ख़रीदना है

फ़िलहाल दुकानदार बैठा है
और उसका विशालकाय पेट
उभरा हुआ दिखायी दे रहा है

एक बड़े मटके की तरह लगता है
मुझे दुकानदार का पेट
जिसमें भरा हुआ है
बेहिसाब आटा
बेहिसाब दाल
बेहिसाब ज़रूरत का सामान

मैं देखता हूँ
जब भी कोई ग्राहक आता है
दुकानदार का पेट हिलने-डुलने लगता है

जब उसका पेट हिलता-डुलता है
मुझे कुछ ऐसा लगता है
जैसे हाथ डालकर कोई निकाल रहा हो
मटके से कुछ सामान
धोती की खूँट खोलती बंद करती
खड़ी है मेरे पास एक औरत
मुझे दिखायी नहीं देता उसका पेट

कुएँ-सी गहरी
उसकी आँखों में झाँककर
मैं पूछता हूँ
कहाँ है तुम्हारा पेट

वह कोई जवाब नहीं देती
सिर्फ़ उसकी आँखों में
कुछ काँपता है
क्या काँपता है
उसकी आँखों में
मैं जानता हूँ
जब पक्षी के पंख की तरह
शब्द छोड़ देते हैं उसका साथ
वह नि:शब्द टपकता रहता है

वह औरत चुपचाप खड़ी है
और दुकानदार का मटकेनुमा पेट
मेरी आँखों के सामने बार-बार घूम रहा है

यह चूल्हे सुलगाने का समय है
और मैं सोचता हूँ
यही सही वक़्त है
जब मटके में सूराख़ कर देना चाहिए

नए अन्न की आहट

वे खड़े हैं
जो जानते हैं
पौधों की प्यास
नींद
और जड़ों की बेचैनी

ज़मीन के भीतर का
जो अँधेरा जानते हैं
वे खड़े हैं
और उनके पाँव तले नहीं है ज़मीन

उनकी आँखों में है
हलों के फाल-सी तेज़ धार
छातियों में धधक रही है आग

आकाश में
जब गूँजती है उनकी हुँकार
पृथ्वी काँपने लगती है
काँपने लगती हैं भूपतियों की टाँगें
भू पर गिर पड़ते हैं
भूपतियों के नकली दाँत

सख़्त मिट्टी को नरम बनाते बनाते
जिनहाथों में पड़ जाती है गाँठ
हवा में हिल रहे हैं वे हाथ
गेहूँ की हिलती बालियों की तरह

वे चाहते हैं
थोड़ी पृथ्वी

थोड़ा पानी
और खुला आकाश

वे और कुछ नहीं चाहते
सिर्फ़ चाहते हैं
जब कोई चिड़िया
उनके आँगन से उड़े
उसकी चोंच में दबा हो
कम-से-कम एक अदद दाना

उनकी पकी फ़सल
हर बार चर न जाए
छुट्टा साँड़
वे सिर्फ़ इतना भर चाहते हैं

लेकिन उन्हें कुछ भी नहीं मिलता
मिलती है सिर्फ़ भूख
बारूद की गंध
और कारतूस
उनके रक्त से भीग जाती है
गाँधी की किताब

रक्त
जिसमें आग-सी चमक है
और नए अन्न की आहट

रक्त
जो एक दिन अपना रंग दिखायेगा
और आततायियों के शरीर से
नक्सीर बनकर फूटेगा

चूड़ियाँ

तुम्हारी खनखन
टहलती रहती है
समूचे घर में

झनझना जाती हो तुम
रसोई में देखकर
चावल का ख़ाली कनस्तर
फिर ग़ुस्सा उतारती हो
कुटते हुए ग़रीब कपड़ों पर
चीख़ चीख़कर

तुम रंग-बिरंगी
ख़ूब फबती हो मेरी पत्नी की कलाई पर
तुम इस क़दर पाजी हो
कि बना देती हो ख़बर
हमारे रात के नितान्त निजी प्रसंगों को

बहुत देखे हैं तुमने अकाल
एक दिन कोई अकाल मुझे ग्रस लेगा
तब हमारा घर
तुम्हारी रोने की आवाज़ को भी तरसेगा

जमुरिया नाला

जब भी गुज़रता हूँ
जमुरिया नाला के पुल से
मेरी नाक की त्वचा मुरझा जाती है

जमुरिया नाला का चेहरा
कुछ-कुछ छोटी आँत की शक्ल-सा है
और उसकी कार्य-प्रक्रिया
कुछ-कुछ मलाशय-सी है

किस सिरे से शुरू होता है
बाराबंकी का जमुरिया नाला
किस सिरे पर ख़त्म
मैं इसका भूगोल नहीं जानता
मेरे पड़ोसी मुशर्रफ़ भाई भी नहीं जानते
सिर्फ़ जानते हैं भैंसा गाड़ी वाले
हर सुबह जो ले जाते हैं वहाँ
समूचे शहर की बदबूदार गंदगी
और करते हैं वहाँ बैठकर दातौन

जमुरिया नाला
वह ख़ास जगह है
जहाँ सारे शहर की चढ़ी हुई आस्तीनें
यात्रा तय करती हुई आती हैं
और थुक्का फ़ज़ीहत के बाद
आननफ़ानन अपनी माँद में चली जाती हैं

कभी सोता नहीं
जमुरिया नाला
रात-दिन चला करता है
उसमें गाढ़ा काला द्रव
जमुरिया नाला की एक प्रबल इच्छा है
सिर्फ़ एक बार उसका रंग उजला हो जाये

जमुरिया नाला का पानी
उजला हो या न हो
लेकिन मुझे यह कुछ जादू-सा लगता है
जब मैं देखता हूँ
उस काले पानी से धोये हुए झक्क सफ़ेद कपड़े
जो घास पर इत्मीनान से सूखते हैं
दोपहर में

मेरे मित्र सत्यदेव शुक्ल ने
जमुरिया नाला की हद पर
बनाया है अपना नया मकान
कल शाम गृह प्रवेश था
मुझे भी उन्होंने नायाब मशवरा दिया
मित्र ! बना लो तुम भी अपना जल्दी मकान
जमुरिया नाला के क़रीब
अभी ज़मीन सस्ती है

उस रोज से
मेरी नब्ज़ तेज़ चल रही है

ईमानदारी

ईमानदारी एक मर्मस्पर्शी शब्द है
ईमानदारी से मैं जी रहा हूँ नफ़रत के साथ
ईमानदारी सचमुच एक अद्वितीय शब्द है

दरअसल ईमानदारी एक ख़ूबसूरत शहर है
यहाँ सामान्य सुविधाएँ भी हैं दुर्लभ
सुलभता के बावजूद

ईमानदारी में वाक़ई बहुत सुख है
रात में तुम सो सकते हो चैन के साथ
जब तक तुम्हारी ईमानदारी तुम्हें बेचैन न कर दे
चीख़ न उठो अकेले रात में तुम
लड़ाई हारने के बाद
और बग़ल में लेटी तुम्हारी नन्ही बिटिया
चिपट न जाए घबराकर तुम्हारी छाती से

ईमानदारी वैसे बहुत उम्दा चीज़ है
बस ऐसी हार के बाद
कुछ बुरे ख़्याल आने लगते हैं
और कुछ नहीं

फसल

कमान-सी झुकी है पीठ
और वह ओसा रहा है

हवा में
झर रहे हैं
नाचते हुए पके अनाज

कई महीनों के बाद
उसकी दुनिया की चीज़ें
फिर से हरकत में आ गयी हैं

कई महीनों के बाद
वह अपने आँगन में देखता है
दानों पर झपटती गौरइयाँ

पके अनाज की ख़ुशबू
टहलती है उसके रक्त में

धीरे-धीरे पहुँच जाती है
उसकी ख़ुशबू बाज़ार
फिर आने लगते हैं
गाँव की तरफ़
दैत्याकार ट्रक

ट्रकों की नृशंस गुर्राहट
उसके कान में प्रवेश करती है
दहशत की तरह
और वह नोंचने लगता है
अपनी निर्बल देह
निराश उदासी में

अभी कुछ देर बाद
ट्रकों की गुर्राहट क्षीण होती जायेगी
अगली फ़सल तक
फिर वह कल्पना पर जियेगा
और आख़िर कब तक
कल्पना गोबर होती जायेगी

अजनबी

भाई, यह आख़िर कौन है

दो साल पहले भी आया था
जब हमारे चूल्हे पानी में बह गये थे
आज यह फिर आया है
उसी तरह उजले कपड़े पहने हुए
जब हमारे घर राख हो गये हैं

भाई, यह आख़िर कौन है
जो आकाशमार्ग से उतरता है
आशीष देते हुए
होती है जिसके फ़ौज
कड़े कलफ़दार चेहरों की

भाई, यह आख़िर कौन है
बिनबुलाये जो हमारे घरों में घुस जाता है
एक बदतमीज़ आदमी की तरह
और बना देता है
हमारे दुख को तमाशा

भाई, यह आख़िर कौन है
इसकी आँखों में झलकता है खोट
यह आदमी दिखायी नहीं देता
अपनी ज़मीन का

खेल

कागज़ मोड़कर
एक बच्चा बना रहा है
हवाई जहाज़

हवा में
उड़ाता है बच्चा
हवाई जहाज़

हवाई जहाज़
चिड़िया की तरह तैर रहा है
और बच्चा
ताली बजा बजाकर हँस रहा है

इछ बाल
अवाईदहाद पल बैठ कल गयी ती माँ
अगली बाल जायेंगे बाबू दी
फिर बले भइया फिल दीदी
छफछे बाद में जाऊँगा मैं

अचानक
भर उठता है
गड़गड़ाहट से सारा आकाश

बच्चा हुलस कर चीख़ता है
आओ, जल्दी आओ
देखो, उलता हुआ दहाद

घर से निकल कर भागते हैं
बच्चे
मैदान की तरफ़
आकाश की ओर टकटकी लगाये हुए

मगर हवाई जहाज़
ज़मीन पर नहीं उतरता है
हवाई जहाज़ से गिरते हैं
आग के गोले
होती है गरम लोहे की तेज़ बारिश
फैल जाती है बारूद की गंध
धुएँ में छिप जाते हैं
पेड़ और मकान

बच्चे की चली गयी है माँ
चले गये हैं बाबूजी
बड़े भइया, दीदी
उसकी रानी बिल्ली भी चली गयी है

बचा रह गया है
बेहिसाब मलबा
काली पत्तियाँ
हड्डियों के ढेर

सिर्फ़
बचा रह गया है
बच्चे की मुट्ठी में
दबा हुआ हवाई जहाज़

सहपाठी

वह मेरे साथ पढ़ता था

खाने की छुट्टी में
अपने डब्बे खोलकर
टूट पड़ते थे जब भूखे पशु की तरह
हम सब खाने पर
हमारी आँखों से बचते हुए
आहिस्ता-आहिस्ता वह नल के पास जाता था
और उसमें मुँह लगा देता था

मैं अक्सर देखता था
आती थी फ़ीस की तारीख़
जैसे-जैसे बहुत क़रीब
उसका ख़ून सूखता जाता था

किताब नहीं लाने पर
वह कई दफ़ा कुकड़ूं-कूं बोल चुका था
न जाने फिर भी क्यों
वह कक्षा में सबसे पहले आता था

गंदी क़मीज़ पहनने के कारण
उसे स्कूल से लौटा दिया गया
एक दिन घर
उस दिन के बाद स्कूल में
मैंने उसे फिर कभी नहीं देखा

एक झुलसती दोपहर में
वह बैठा दिखायी दिया मुझे
एक बन रही इमारत के क़रीब
उसके पास सीमेन्ट का एक खाली तसला था
और खरोंच रहा था नाख़ून से वह
अपनी गदोली में बना काला तिल